AF476662

LIVRET

DE

CHASSE

Du 1er Août 185   au 31 Juillet 185

Monsieur ______________________

____

à ______________________

département ______________________

PARIS — IMP. SIMON RAÇON ET Cie, RUE D'ERFURTH, 1.

PARIS

A. HOUSSIAUX, ÉDITEUR

3, RUE DU JARDINET, 3

Et chez tous les Libraires et Armuriers de France.

1859

AVIS ESSENTIEL

En créant ce petit livre, d'une utilité qu'un chasseur saura vite reconnaître, nous avons voulu que chacun puisse enregistrer et conserver le résultat de ses chasses, année par année.

A chaque mois est réservée une page divisée en six colonnes, indiquant le nom des animaux que l'on tue le plus communément : *lièvres, lapins, faisans, perdrix rouges, perdrix grises* et *cailles*. Dans ces colonnes, on marquera vis-à-vis de la date le nombre des pièces tuées chaque jour.

L'addition se fait à la fin de chaque mois, pour être reportée à la *Récapitulation générale de l'année de chasse*, placée à la fin du livre.

Nous commençons par le mois d'août, la chasse étant ouverte à cette époque dans certains départements du Midi. Pour les mois de mars à juillet, pendant lesquels la chasse est interdite, nous avons réservé un espace moindre, mais suffisant toutefois, attendu que pendant ce temps on ne tire ces animaux que dans des circonstances exceptionnelles.

Des pages, dont les titres sont : *Grands animaux; — Bêtes fauves; — Oiseaux de proie; — Grands oiseaux d'eau; — Oiseaux de marais; — Oiseaux de passage,* indiquent les plus connus de chaque espèce, et ont de plus une colonne appelée *divers*, dans laquelle le chasseur peut inscrire les animaux dont les noms ne se trouvent pas sur la feuille. Au lieu d'avoir, comme les autres pages, une ligne pour chaque jour, nous n'avons mis, pour ces sortes de gibier, que deux lignes par mois; pour certains animaux, tels que loups, cerfs, chamois, etc., ces deux lignes peuvent suffire largement; pour d'autres, tels que canards, bécasses, bécassines, etc., la place est certainement trop étroite. Tel chasseur qui habite un pays de marais et qui est à même de tirer journellement des bécassines, ou autres oiseaux d'eau, pendant une portion de l'année, n'aura probablement pas, pendant la durée du passage de ces oiseaux, soit du faisan, soit des perdrix rouges, etc., et pourra remplacer facilement, au moyen d'une rature, un nom par un autre sur les premiers tableaux qui donnent une ligne par jour.

Dans le tableau synoptique placé à la fin du volume, on reportera le nombre de chaque animal tué dans chaque mois, et on aura ainsi une récapitulation générale de l'année de chasse.

Vingt colonnes de ce tableau ne portent pas de titres; nous laissons au chasseur le soin d'inscrire dans chacune les noms des gibiers qu'il trouve à sa portée et qui n'y sont pas imprimés.

NOTA. — Les Dictons et Renseignements de chasse placés au dos de chaque tableau sont tirés d'un ouvrage intitulé le *Vieux Chasseur*, ou *Traité de la Chasse au fusil* (orné de 55 grav.), par M. Deyeux. Chez Mme veuve Bouchard-Huzard.—Prix : 2 fr. 50.

AOUT

DATES	LIÈVRES.	LAPINS.	FAISANS	PERDRIX rouges.	PERDRIX grises.	CAILLES.
1						
2						
3						
4						
5						
6						
7						
8						
9						
10						
11						
12						
13						
14						
15						
16						
17						
18						
19						
20						
21						
22						
23						
24						
25						
26						
27						
28						
29						
30						
31						
TOTAL.						

TIR DE LA CAILLE

Le tir de la caille est positivement le contraire du tir de la perdrix, oblique.

La perdrix est au-dessus du tireur, la caille est au-dessous ; car elle file ordinairement au ras de terre. On ne peut atteindre à la tête la perdrix, dont le vol monte obliquement, qu'en passant au-dessous.

On ne peut atteindre à la tête la caille, dont le vol est inférieur, qu'en tirant dessus.

Dans le premier cas, si l'on tire bas, le plomb passe dans l'air.

Dans le second cas, si l'on tire bas, l'on tire à terre et, par conséquent, plus de chances de succès.

DICTON.

Haut la caille, ou rien à faire,
Le dessous, c'est la terre.

SEPTEMBRE

DATES.	LIÈVRES.	LAPINS.	FAISANS.	PERDRIX rouges.	PERDRIX grises.	CAILLES.
1						
2						
3						
4						
5						
6						
7						
8						
9						
10						
11						
12						
13						
14						
15						
16						
17						
18						
19						
20						
21						
22						
23						
24						
25						
26						
27						
28						
29						
30						
TOTAL						

TIR DE LA PERDRIX

Quand la perdrix file en ligne, à une distance rapprochée, il faut tirer en plein corps, sans rien préjuger : la pièce peut être atteinte et meurtrie par le plomb sans qu'on ait à calculer ni son avance ni le retard du coup ; toute prévision déterminerait un défaut de hausse ou de baisse.

Dans cette position, la plus facile du tir, le tireur qui se possède, et dont le fusil serre ou écarte plus ou moins, file, selon la portée de son fusil, plus ou moins sa pièce.

Le chasseur à l'œil rapide, qui tire avec succès au enlevé, tire rarement bien quand le gibier part de loin.

DICTON.

Avant de fermer l'un des yeux,
Prends soin de les ouvrir tous deux.

OCTOBRE

DATES.	LIÈVRES.	LAPINS.	FAISANS.	PERDRIX rouges.	PERDRIX grises.	CAILLES.
1						
2						
3						
4						
5						
6						
7						
8						
9						
10						
11						
12						
13						
14						
15						
16						
17						
18						
19						
20						
21						
22						
23						
24						
25						
26						
27						
28						
29						
30						
31						
TOTAL...						

TIR DU FAISAN

Le faisan est, pour le tir au vol, ce que le renard est pour le tir à la course : la queue ne compte pas.

Il faut tirer toujours cet oiseau à la tête; l'émotion causée par le départ bruyant de l'animal, sa longue queue, qui trompe l'œil inexpérimenté, et surtout la confiance inspirée par la grosseur de la pièce, déterminent presque toujours la baisse du coup.

DICTON.

Si tu tires la queue,
Il a fait une lieue

NOVEMBRE

DATES.	LIÈVRES.	LAPINS.	FAISANS.	PERDRIX rouges.	PERDRIX grises.	CAILLES.
1						
2						
3						
4						
5						
6						
7						
8						
9						
10						
11						
12						
13						
14						
15						
16						
17						
18						
19						
20						
21						
22						
23						
24						
25						
26						
27						
28						
29						
30						
TOTAL..						

TIR DU LIÈVRE

EN BATTUE

Quand le lièvre vient sur le chasseur, il faut l'attendre; mais, qu'on soit forcé de le tirer loin ou qu'on le tire à belle portée, il faut toujours viser haut et devant la tête ; s'il se détourne et vient sur le feu, tirez sur les pattes de devant.

En attendant le lièvre qui se dirige sur le chasseur, le coup devient de plus en plus favorable et vous laisse la ressource de pouvoir doubler si le premier coup ne porte pas ; mais il ne faut surtout pas bouger.

DICTON.

Si le chasseur respire,
Le lièvre se retire.

DECEMBRE

DATES.	LIÈVRES.	LAPINS.	FAISANS.	PERDRIX rouges.	PERDRIX grises.	CAILLES.
1						
2						
3						
4						
5						
6						
7						
8						
9						
10						
11						
12						
13						
14						
15						
16						
17						
18						
19						
20						
21						
22						
23						
24						
25						
26						
27						
28						
29						
30						
31						
TOTAL...						

TIR DU LAPIN

Le lapin, soit dans une route, soit dans une plaine, sur la lisière d'un bois, se tire exactement comme le lièvre.

Au bois, dans des taillis, il faut, la plupart du temps, le tirer au jugé ; la grande habitude seule peut garantir la réussite du coup ; cependant, d'après le mouvement des herbes ou des branches, le chasseur peut se rendre compte de la direction de l'animal et de la vitesse de sa course, et, alors, tirer devant la tête.

Le chasseur doit toujours faire attention aux clairières éloignées, s'il est certain de la présence du lapin dans un fourré où il ne voit aucune indication de son passage, et surtout avoir le coup à l'épaule, prêt à être jeté à la première apparition.

DICTON.

Pas de mire :
Juge, tire.

JANVIER

DATES.	LIÈVRES.	LAPINS.	FAISANS.	PERDRIX rouges.	PERDRIX grises.	CAILLES.
1						
2						
3						
4						
5						
6						
7						
8						
9						
10						
11						
12						
13						
14						
15						
16						
17						
18						
19						
20						
21						
22						
23						
24						
25						
26						
27						
28						
29						
30						
31						
TOTAL..						

TIR DU LAPIN

AU TERRIER

Pour peu qu'il reste encore un peu de vie à un lapin blessé près de son terrier, il se traîne et parvient souvent, même avec les pattes cassées, à y rentrer; il est donc perdu pour le tireur.

Tel lapin qui en plein bois restera sur le coup sans rien tenter pour sa fuite, s'il se sent près de son trou, fera des efforts incroyables pour échapper au chasseur, qui devra ne jamais négliger de le ramasser immédiatement, sous peine de le voir retrouver assez de force pour lui échapper.

DICTON.

Lapin tué près du terrier
N'est pas encor dans ton carnier.

FÉVRIER

DATES.	LIÈVRES.	LAPINS.	FAISANS.	PERDRIX rouges.	PERDRIX grises.	CAILLES.
1						
2						
3						
4						
5						
6						
7						
8						
9						
10						
11						
12						
13						
14						
15						
16						
17						
18						
19						
20						
21						
22						
23						
24						
25						
26						
27						
28						
29						
TOTAL.						

TIR DU LIÈVRE

AU GITE

Quand le tir est libre et sur un terrain découvert, un tireur lève le lièvre et le tue lancé. Mais quelquefois la place ne le permet pas, et, si l'on faisait partir l'animal, on ne pourrait pas le tirer. On n'a donc que le choix de le tuer au gîte ou de le perdre.

Il faut alors ne le tirer qu'en tête et de près, parce que le corps blotti est garanti par une sorte d'élasticité, que les pattes sont souvent cachées sous l'animal, et que l'os frontal est très-résistant.

Il ne faut pas même se fier au lièvre roulé et mort en apparence, et il faut se hâter de le ramasser. On en a vu reprendre leurs sens et s'échapper après quelques instants d'une mort apparente.

DICTON.

Lièvre blotti fait matelas,
Le plomb frappe et ne perce pas.

MARS

DATES.	LIÈVRES.	LAPINS.	FAISANS.	PERDRIX rouges.	PERDRIX grises.	CAILLES.
1 à 5						
6 à 10						
11 à 15						
16 à 20						
21 à 25						
25 à 31						
TOTAL..						

AVRIL

DATES.	LIÈVRES.	LAPINS.	FAISANS.	PERDRIX rouges.	PERDRIX grises.	CAILLES.
1 à 5						
6 à 10						
11 à 15						
16 à 20						
21 à 25						
26 à 30						
TOTAL..						

Quoique la chasse des animaux dont les noms se trouvent dans ces colonnes soit généralement interdite à partir du mois de mars jusqu'à l'ouverture suivante, nous avons cru devoir, pour les personnes qui chassent dans des parcs, ne pas supprimer les mois de mars, avril, mai, juin et juillet, tout en leur faisant tenir une place moins grande.

DE LA CHANTERELLE

Les perdrix sont apparcillées au mois de mars. A cette époque, on fait aux coqs une chasse très-amusante et très-utile; mais, comme des abus ont été commis, ce genre de chasse est défendu et ne peut se faire que dans des propriétés closes et attenantes à des habitations.

Une heure avant la nuit ou au petit jour, on place une chanterelle à vingt-cinq pas environ de soi, dans une cage en toile ayant un trou rond à la partie supérieure, pouvant laisser passer facilement la tête de la chanterelle; puis on se cache derrière un buisson. La poule ne tarde pas à faire entendre son chant d'appel, et aussitôt les coqs non apparcillés arrivent : leur passion est telle, que l'on en tue souvent un sans faire partir les autres.

DICTON.

Digne d'un autre sort.
Le coq brave la mort.

MAI

DATES.	LIÈVRES.	LAPINS.	FAISANS.	PERDRIX rouges.	PERDRIX grises.	CAILLES.
1 à 10						
11 à 20						
21 à 31						
TOTAL..						

JUIN

DATES.	LIÈVRES.	LAPINS.	FAISANS.	PERDRIX rouges.	PERDRIX grises.	CAILLES.
1 à 10						
11 à 20						
21 à 30						
TOTAL...						

JUILLET

DATES.	LIÈVRES.	LAPINS.	FAISANS.	PERDRIX rouges.	PERDRIX grises.	CAILLES.
1 à 10						
11 à 20						
21 à 31						
TOTAL...						

DES BRACONNIERS

Mai, juin et juillet sont certainement les mois où l'effet du braconnage est le plus nuisible et, par conséquent, ceux pendant lesquels il faut le plus de surveillance de la part des gardes; car, pour quelques perdrix prises, combien d'œufs perdus, et, par cela même, combien de compagnies de perdrix de moins.

La nouvelle loi sur la chasse a rendu un grand service aux chasseurs en prohibant toute vente de gibier durant les mois pendant lesquels la chasse est fermée; les braconniers trouvent à se défaire difficilement de leur gibier, et sont, par cela même, moins tentés d'exercer leur coupable industrie.

GRANDS ANIMAUX

MOIS.	SANGLIERS.	CERFS.	DAIMS.	CHEVREUILS	CHAMOIS.
Août. . .					
Septemb.					
Octobre.					
Novembre					
Décembre.					
Janvier..					
Février..					
Mars. . .					
Avril. . . .					
Mai . . .					
Juin. . . .					
Juillet. . .					
TOTAL. . .					

Nous ne mettons sur cette liste que deux lignes pour chaque mois de l'année, les grands animaux se tuant assez rarement pour que la place laissée entre les mois puisse suffire aux observations de chaque chasseur.

LE SANGLIER

Ce n'est généralement qu'à courre que l'on chasse le sanglier, et comme il ruse continuellement pour se débarrasser des chiens, il faut bien se garder d'employer à cette chasse ceux devant servir pour le cerf, car ils deviendraient immédiatement trop lents.

Aussitôt que le sanglier tient aux chiens, on devra se hâter de le tuer, si l'on ne veut laisser éventrer les meilleurs chiens de la meute, qui seraient bientôt victimes de leur ardeur. La poitrine et l'orbite de l'œil sont les places que l'on doit choisir de préférence pour lui tirer la balle qui doit l'achever, mais en même temps se méfier en l'approchant, car il se précipite dans ses derniers moments sur tout ce qu'il voit, et peut, s'il est vieux, faire les blessures les plus graves.

DICTON.

Le sanglier est sur ses fins,
Tue-le ou il tuera tes chiens.

BÊTES FAUVES

MOIS.	LOUPS.	BLAIREAUX.	RENARDS.	LOUTRES	DIVERS.
Août. . . .					
Septemb.					
Octobre . .					
Novembre					
Décembre.					
Janvier.. .					
Février.. .					
Mars. . .					
Avril. . . .					
Mai. . . .					
Juin. . .					
Juillet. . .					
TOTAL...					

Le nombre des bêtes fauves étant trop considérable pour consacrer à chacune une colonne, nous n'indiquons que les plus connues, et laissons une colonne de divers dans laquelle le chasseur pourra inscrire celles qui ne se trouvent pas sur cette liste.

TIR DU LOUP

EN BATTUE

Des meutes spéciales sont organisées en France sous les ordres de louvetiers, pour la destruction du loup, qui est assez commun dans quelques provinces.

Le moyen le plus ordinairement employé pour débarrasser le pays qu'il ravage, est la battue, qui se fait principalement en temps de neige.

Le tireur doit toujours viser au défaut de l'épaule, et charger plutôt son fusil avec une seule balle que d'y mettre des chevrotines et des balles mariées qui ont toujours tendance à écarter et ne portent jamais un coup aussi juste que la balle seule.

DICTON.

De l'épaule à la tête,
Tu dois viser la bête.

OISEAUX DE PROIE

MOIS.	BUSES.	MILANS.	ÉPERVIERS.	GRANDS ducs.	DIVERS.
Août. . .					
Septemb. .					
Octobre . .					
Novembre					
Décembre.					
Janvier. . .					
Février. . .					
Mars. . . .					
Avril. . .					
Mai.					
Juin. . . .					
Juillet. . .					
TOTAL. . .					

Même observation qu'à la page précédente.

TIR AVEC UN OISEAU DE PROIE

Quand un oiseau de nuit paraît pendant le jour, tous les autres le poursuivent et s'en approchent pour le menacer.

On peut donc exploiter cette antipathie en faisant poser sur les branches dégarnies d'un arbre, soit un grand-duc ou tout autre oiseau de nuit vivant ou empaillé. Tous les oiseaux des environs, corbeaux, geais, pies, merles, etc., attirés par les cris les uns des autres, viennent bientôt se percher sur l'arbre. Le chasseur, caché derrière un taillis, n'a souvent pas le temps de charger son fusil.

DICTON.

Vous ne verrez plus l'ennemi
Si vous tirez sur votre ami.

GRANDS OISEAUX D'EAU

MOIS.	OIES.	CANARDS.	HÉRONS.	GRUES.	DIVERS.
Août. . .					
Septemb.					
Octobre. .					
Novembre					
Décembre,					
Janvier.. .					
Février.. .					
Mars. . . .					
Avril. . . .					
Mai.					
Juin. . . .					
Juillet. . .					
TOTAL...					

Même observation qu'aux pages précédentes.

TIR EN BATEAU

Au moment où la pièce se lève, le bateau, sans être arrêté, doit être abandonné au fil de l'eau, le moindre mouvement devant déranger certainement le coup.

Sans cette précaution, la pièce manquée ne sera pas le seul accident : il peut arriver que le chasseur tombe soit en avant, soit en arrière, selon les mouvements imprimés au bateau par celui qui tient les rames.

DICTON.

Tu veux tirer sur l'eau,
Laisse aller ton bateau.

OISEAUX DE MARAIS

MOIS.	BÉCASSINES	FOULQUES.	POULES d'eau.	RALES D'EAU	DIVERS.
Août. . . .					
Septemb. .					
Octobre. .					
Novembre					
Décembre.					
Janvier. .					
Février. .					
Mars. . . .					
Avril. . .					
Mai.					
Juin. . . .					
Juillet. . .					
TOTAL. . .					

Même observation qu'aux pages précédentes.

TIR AU MARAIS

Il faut, au marais, tenir toujours le coup haut ; le terrain sur lequel on enfonce, faisant baisser les bras du chasseur comme si on lui tirait les jambes, l'empêcherait de tuer la pièce s'il ne suivait ce conseil.

Quand le vol est oblique, cette précaution est inutile : en tirant haut, on tirerait derrière.

Cette chasse est une des plus agréables, et, en même temps, une des plus dangereuses ; pourtant la prudence diminue les chances de danger.

DICTON.

Dans les marais lève les bras
Si tu ne veux tirer trop bas.

OISEAUX DE PASSAGE

MOIS.	BÉCASSES.	VANNEAUX.	PLUVIERS.	COURLIS.	DIVERS.
Août. . .					
Septemb. .					
Octobre. .					
Novembre					
Décembre					
Janvier. .					
Février. .					
Mars. . . .					
Avril. . . .					
Mai.					
Juin. . . .					
Juillet.					
TOTAL. . .					

Même observation qu'aux pages précédentes.

TIR DES VANNEAUX

Les vanneaux se tiennent presque toujours par bandes au-dessus de la portée du fusil; mais, comme ils sont extrêmement curieux, on peut les attirer au moyen d'un mouchoir blanc placé sur la terre et d'un chien blanc qui se meut : ils plongent de plus près pour les voir, tournent, s'éloignent et reviennent. Il est alors facile de les tuer.

DICTON.

L'alouette au miroir,
Les vanneaux au mouchoir.

RÉCAPITULATION GÉNÉRALE DE L'ANNÉE DE CHASSE — DU 1er AOUT 185   AU 31 JUILLET 185__

…IS	SANGLIERS.	CERFS.	DAIMS.	CHEVREUILS.	CHAMOIS.	LIÈVRES.	LAPINS.	FAISANS.	PERDRIX ROUGES.	PERDRIX GRISES.	CAILLES.	LOUPS.	BLAIREAUX.	RENARDS.	LOUTRES.	BUSES.	MILANS.	ÉPERVIERS.	GRANDS DUCS.	OIES.	CANARDS.	HÉRONS.	GRUES.	BÉCASSINES.	FOULQUES.	POULES D'EAU.	RALES D'EAU.	BÉCASSES.	VANNEAUX.	PLUVIERS.	COURLIS.	DIVERS.
. . .																																
…bre. .																																
…re. . .																																
…bre. .																																
…bre. .																																
…er. . .																																
…er. . .																																
. . .																																
. . .																																
. . .																																
. . .																																
. . .																																
…OTAL.																																

LOI

SUR

LA POLICE DE LA CHASSE

LOI

SUR

LA POLICE DE LA CHASSE

LOUIS-PHILIPPE, Roi des Français,

A tous présents et à venir, salut.

Nous avons proposé, les Chambres ont adopté, nous avons ordonné et ordonnons ce qui suit :

SECTION PREMIÈRE

De l'exercice du droit de Chasse.

Article premier. Nul ne pourra chasser, sauf les exceptions ci-après, si la chasse n'est pas ouverte, et s'il ne lui a pas été délivré un permis de chasse par l'autorité compétente.

Nul n'aura la faculté de chasser sur la propriété d'autrui, sans le consentement du propriétaire ou de ses ayants droit.

ART. 2. Le propriétaire ou possesseur peut chasser ou faire chasser en tout temps, sans permis de chasse, dans ses possessions attenant à une habitation et entourées d'une clôture continue faisant obstacle à toute communication avec les héritages voisins.

ART. 3. Les préfets détermineront, par des arrêtés publiés au moins dix jours à l'avance, l'époque de l'ouverture et celle de la clôture de la chasse, dans chaque département.

ART. 4. Dans chaque département il est interdit de mettre en vente, de vendre, d'acheter, de transporter et de colporter du gibier pendant le temps où la chasse n'y est pas permise.

En cas d'infraction à cette disposition, le gibier sera saisi, et immédiatement livré à l'établissement de bienfaisance le plus voisin, en vertu, soit d'une ordonnance du juge de paix, si la saisie a eu lieu au chef-lieu de canton, soit d'une autorisation du maire, si le juge de paix est absent, ou si la saisie a été faite dans une commune autre que celle du chef-lieu. Cette ordonnance ou cette autorisation sera délivrée sur la requête des agents ou gardes qui auront opéré la saisie, et sur la présentation du procès-verbal régulièrement dressé.

La recherche du gibier ne pourra être faite à domicile que chez les aubergistes, chez les marchands de comestibles et dans les lieux ouverts au public.

Il est interdit de prendre ou de détruire, sur le terrain d'autrui, des œufs et des couvées de faisans, de perdrix et de cailles.

ART. 5. Les permis de chasse seront délivrés, sur l'avis du maire et du sous-préfet, par le préfet du département dans lequel celui qui en fera la demande aura sa résidence ou son domicile.

La délivrance des permis de chasse donnera lieu au

payement d'un droit de quinze francs (15 fr.) au profit de l'État, et de dix francs (10 fr.) au profit de la commune dont le maire aura donné l'avis énoncé au paragraphe précédent.

Les permis de chasse seront personnels; ils seront valables pour tout le royaume, et pour un an seulement.

Art. 6. Le préfet pourra refuser le permis de chasse :

1° A tout individu majeur qui ne sera point personnellement inscrit, ou dont le père ou la mère ne serait pas inscrit au role des contributions ;

2° A tout individu qui, par une condamnation judiciaire, a été privé de l'un ou de plusieurs des droits énumérés dans l'article 42 du Code pénal, autres que le droit de port d'armes ;

3° A tout condamné à un emprisonnement de plus de six mois pour rébellion ou violence envers les agents de l'autorité publique ;

4° A tout condamné pour délit d'association illicite, de fabrication, débit, distribution de poudre, armes ou autres munitions de guerre; de menaces écrites ou de menaces verbales avec ordre ou sous condition ; d'entraves à la circulation des grains; de dévastations d'arbres ou de récoltes sur pied, de plants venus naturellement ou faits de main d'homme ;

5° A ceux qui auront été condamnés pour vagabondage, mendicité, vol, escroquerie ou abus de confiance.

La faculté de refuser le permis de chasse aux condamnés dont il est question dans les paragraphes 3, 4 et 5 cessera cinq ans après l'expiration de la peine.

Art. 7. Le permis de chasse ne sera pas délivré :

1° Aux mineurs qui n'auront pas seize ans accomplis ;

2° Aux mineurs de seize à vingt et un ans, à moins que

le permis ne soit demandé pour eux par leur père, mère, tuteur ou curateur, porté au role des contributions;

3° Aux interdits;

4° Aux gardes champêtres ou forestiers des communes et établissements publics, ainsi qu'aux gardes forestiers de l'État et aux gardes-pêche.

ART. 8. Le permis de chasse ne sera pas accordé :

1° A ceux qui, par suite de condamnations, sont privés du droit de port d'armes;

2° A ceux qui n'auront pas exécuté les condamnations prononcées contre eux pour l'un des délits prévus par la présente loi;

3° A tout condamné placé sous la surveillance de la haute police.

ART. 9. Dans le temps où la chasse est ouverte, le permis donne, à celui qui l'a obtenu, le droit de chasser de jour, à tir et à courre, sur ses propres terres, et sur les terres d'autrui avec le consentement de celui à qui le droit de chasse appartient.

Tous autres moyens de chasse, à l'exception des furets et des bourses destinés à prendre le lapin, sont formellement prohibés.

Néanmoins, les préfets des départements, sur l'avis des conseils généraux, prendront des arrêtés pour déterminer :

1° L'époque de la chasse des oiseaux de passage, autres que la caille, et les modes et procédés de cette chasse;

2° Le temps pendant lequel il sera permis de chasser le gibier d'eau, dans les marais, sur les étangs, fleuves et rivières;

3° Les espèces d'animaux malfaisants ou nuisibles que le propriétaire, possesseur ou fermier, pourra en tout temps détruire sur ses terres, et les conditions de l'exercice de ce droit, sans préjudice du droit appartenant au propriétaire ou au fermier de repousser ou de détruire, même avec des armes à feu, les bêtes fauves qui porteraient dommage à ses propriétés.

Ils pourront prendre également des arrêtés :

1° Pour prévenir la destruction des oiseaux ;

2° Pour autoriser l'emploi des chiens lévriers pour la destruction des animaux malfaisants ou nuisibles ;

3° Pour interdire la chasse pendant les temps de neige.

Art. 10. Des ordonnances royales détermineront la gratification qui sera accordée aux gardes et gendarmes rédacteurs des procès-verbaux ayant pour objet de constater les délits.

SECTION II

Des peines.

Art. 11. Seront punis d'une amende de seize à cent francs :

1° Ceux qui auront chassé sans permis de chasse ;

2° Ceux qui auront chassé sur le terrain d'autrui sans le consentement du propriétaire.

L'amende pourra être portée au double si le délit a été commis sur des terres non dépouillées de leurs fruits, ou s'il a été commis sur un terrain entouré d'une clôture continue faisant obstacle à toute communication avec les héritages voisins, mais non attenant à une habitation.

Pourra ne pas être considéré comme délit de chasse le fait du passage des chiens courants sur l'héritage d'autrui, lorsque ces chiens seront à la suite d'un gibier lancé sur la propriété de leurs maîtres, sauf l'action civile, s'il y a lieu, en cas de dommage ;

3° Ceux qui auront contrevenu aux arrêtés des préfets concernant les oiseaux de passage, le gibier d'eau, la chasse en temps de neige, l'emploi des chiens lévriers, ou aux arrêtés concernant la destruction des oiseaux et celle des animaux nuisibles ou malfaisants ;

4° Ceux qui auront pris ou détruit, sur le terrain d'autrui, des œufs ou couvées de faisans, de perdrix ou de cailles ;

5° Les fermiers de la chasse, soit dans les bois soumis au régime forestier, soit sur les propriétés dont la chasse est louée au profit des communes ou établissements publics, qui auront contrevenu aux clauses et conditions de leurs cahiers de charges relatives à la chasse.

Art. 12. Seront punis d'une amende de cinquante à deux cents francs, et pourront en outre l'être d'un emprisonnement de six jours à deux mois :

1° Ceux qui auront chassé en temps prohibé ;

2° Ceux qui auront chassé pendant la nuit ou à l'aide d'engins et instruments prohibés, ou par d'autres moyens que ceux qui sont autorisés par l'article 9 ;

3° Ceux qui seront détenteurs ou ceux qui seront trouvés munis ou porteurs, hors de leur domicile, de filets, engins ou autres instruments de chasse prohibés ;

4° Ceux qui, en temps que la chasse est prohibée, auront mis en vente, vendu, acheté, transporté ou colporté du gibier ;

5° Ceux qui auront employé des drogues ou appâts qui sont de nature à enivrer le gibier ou à le détruire ;

6° Ceux qui auront chassé avec appeaux, appelants ou chanterelles.

Les peines déterminées par le présent article pourront être portées au double contre ceux qui auront chassé pendant la nuit sur le terrain d'autrui et par l'un des moyens spécifiés au paragraphe 2, si les chasseurs étaient munis d'une arme apparente ou cachée.

Les peines déterminées par l'article 11 et par le présent article seront toujours portées au maximum, lorsque les délits auront été commis par les gardes champêtres ou forestiers des communes, ainsi que par les gardes forestiers de l'État et des établissements publics.

Art. 13. Celui qui aura chassé sur le terrain d'autrui sans son consentement, si ce terrain est attenant à une maison habitée ou servant à l'habitation, et s'il est entouré d'une clôture continue faisant obstacle à toute communication avec les héritages voisins, sera puni d'une amende de cinquante à trois cents francs, et pourra l'être d'un emprisonnement de six jours à trois mois.

Si le délit a été commis pendant la nuit, le délinquant sera puni d'une amende de cent francs à mille francs, et pourra l'être d'un emprisonnement de trois mois à deux ans, sans préjudice, dans l'un et l'autre cas, s'il y a lieu, de plus fortes peines prononcées par le Code pénal.

Art. 14. Les peines déterminées par les trois articles qui précèdent pourront être portées au double si le délinquant était en état de récidive, et s'il était déguisé ou masqué, s'il a pris un faux nom, s'il a usé de violence envers les personnes, ou s'il a fait des menaces, sans préjudice, s'il y a lieu, de plus fortes peines prononcées par la loi.

Lorsqu'il y aura récidive, dans les cas prévus en l'article 11, la peine de l'emprisonnement de six jours à trois mois pourra être appliquée si le délinquant n'a pas satisfait aux condamnations précédentes.

Art. 15. Il y a récidive lorsque, dans les douze mois qui ont précédé l'infraction, le délinquant a été condamné en vertu de la présente loi.

Art. 16. Tout jugement de condamnation prononcera la

confiscation des filets, engins et autres instruments de chasse. Il ordonnera, en outre, la destruction des instruments de chasse prohibés.

Il prononcera également la confiscation des armes, excepté dans le cas où le délit aura été commis par un individu muni d'un permis de chasse, dans le temps où la chasse est autorisée.

Si les armes, filets, engins ou autres instruments de chasse n'ont pas été saisis, le délinquant sera condamné à les représenter ou à en payer la valeur, suivant la fixation qui en sera faite par le jugement, sans qu'elle puisse être au-dessous de cinquante francs.

Les armes, engins ou autres instruments de chasse, abandonnés par les délinquants restés inconnus, seront saisis et déposés au greffe du tribunal compétent. La confiscation et, s'il y a lieu, la destruction en seront ordonnées sur le vu du procès-verbal.

Dans tous les cas, la quotité des dommages-intérêts est laissée à l'appréciation des tribunaux.

Art. 17. En cas de conviction de plusieurs délits prévus par la présente loi, par le Code pénal ordinaire ou par les lois spéciales, la peine la plus forte sera seule prononcée.

Les peines encourues pour des faits postérieurs à la déclaration du procès-verbal de contravention pourront être cumulées, s'il y a lieu, sans préjudice des peines de la récidive.

Art. 18. En cas de condamnation pour délits prévus par la présente loi, les tribunaux pourront priver le délinquant du droit d'obtenir un permis de chasse pour un temps qui n'excédera pas cinq ans.

Art. 19. La gratification mentionnée en l'article 10 sera prélevée sur le produit des amendes.

Le surplus desdites amendes sera attribué aux communes sur le territoire desquelles les infractions auront été commises.

Art. 20. L'article 463 du Code pénal ne se sera pas applicable aux délits prévus par la présente loi.

SECTION III

De la poursuite et du jugement.

Art. 21. Les délits prévus par la présente loi seront prouvés, soit par procès-verbaux ou rapports, soit par témoins, à défaut de rapports et procès-verbaux, ou à leur appui.

Art. 22. Les procès-verbaux des maires et adjoints, commissaires de police, officier, maréchal des logis ou brigadier de gendarmerie, gendarmes, gardes forestiers, gardes-pêche, gardes champêtres, ou gardes assermentés des particuliers, feront foi jusqu'à preuve contraire.

Art. 23. Les procès-verbaux des employés des contributions indirectes et des octrois feront également foi jusqu'à preuve contraire, lorsque, dans la limite de leurs attributions respectives, ces agents rechercheront et constateront les délits prévus par le paragraphe 1er de l'article 4.

Art. 24. Dans les vingt-quatre heures du délit, les procès-verbaux des gardes seront, à peine de nullité, affirmés par les rédacteurs devant le juge de paix ou l'un de ses suppléants, ou devant le maire ou l'adjoint, soit de la commune de leur résidence, soit de celle où le délit aura été commis.

Art. 25. Les délinquants ne pourront être saisis ni désarmés; néanmoins, s'ils sont déguisés ou masqués, s'ils refusent de faire connaître leurs noms, ou s'ils n'ont pas de domicile connu, ils seront conduits immédiatement devant le maire ou le juge de paix, lequel s'assurera de leur individualité.

ART. 26. Tous les délits prévus par la présente loi seront poursuivis d'office par le ministère public, sans préjudice du droit conféré aux parties lésées par l'article 182 du Code d'instruction criminelle.

Néanmoins, dans le cas de chasse sur le terrain d'autrui sans le consentement du propriétaire, la poursuite d'office ne pourra être exercée par le ministère public, sans une plainte de la partie intéressée, qu'autant que le délit aura été commis dans un terrain clos, suivant les termes de l'article 2, et attenant à une habitation, ou sur des terres non encore dépouillées de leurs fruits.

ART. 27. Ceux qui auront commis conjointement les délits de chasse seront condamnés solidairement aux amendes, dommages-intérêts et frais.

ART. 28. Le père, la mère, le tuteur, les maîtres et commettants, sont civilement responsables des délits de chasse commis par leurs enfants mineurs non mariés, pupilles demeurant avec eux, domestiques ou préposés, sauf tout recours de droit.

Cette responsabilité sera réglée conformément à l'article 1384 du Code civil, et ne s'appliquera qu'aux dommages-intérêts et frais, sans pouvoir toutefois donner lieu à la contrainte par corps.

ART. 29. Toute action relative aux délits prévus par la présente loi sera prescrite par le laps de trois mois, à compter du jour du délit.

SECTION IV

Dispositions générales.

Art. 30. Les dispositions de la présente loi relatives à l'exercice du droit de chasse ne sont pas applicables aux propriétés de la Couronne. Ceux qui commettraient des délits de chasse dans ces propriétés seront poursuivis et punis conformément aux sections II et III.

Art. 31. Le décret du 4 mai 1812 et la loi du 30 avril 1790 sont abrogés.

Sont et demeurent également abrogés les lois, arrêtés, décrets et ordonnances intervenus sur les matières réglées par la présente loi, en tout ce qui est contraire à ses dispositions.

La présente loi, discutée, délibérée et adoptée par la Chambre des Pairs et par celle des Députés, et sanctionnée par nous cejourd'hui, sera exécutée comme loi de l'État.

Donnons en mandement à nos Cours et Tribunaux, Préfets, Corps administratifs, et tous autres, que les présentes ils gardent et maintiennent, fassent garder, observer et maintenir, et, pour les rendre plus notoires à tous, ils les fassent publier et enregistrer partout où besoin sera : et, afin que ce soit chose ferme et stable à toujours, nous y avons fait mettre notre sceau.

Fait au palais des Tuileries, le 3e jour du mois de mai l'an 1844.

Signé LOUIS-PHILIPPE.

Par le Roi :

Le Garde des sceaux, Ministre de la Justice et des Cultes,

Signé N. Martin (du Nord).

www.ingramcontent.com/pod-product-compliance
Ingram Content Group UK Ltd.
Pitfield, Milton Keynes, MK11 3LW, UK
UKHW020214200726
13856UKWH00004B/1394